N
E
W
S

12
11
1
10
2
9
3
8
4
7
5
6

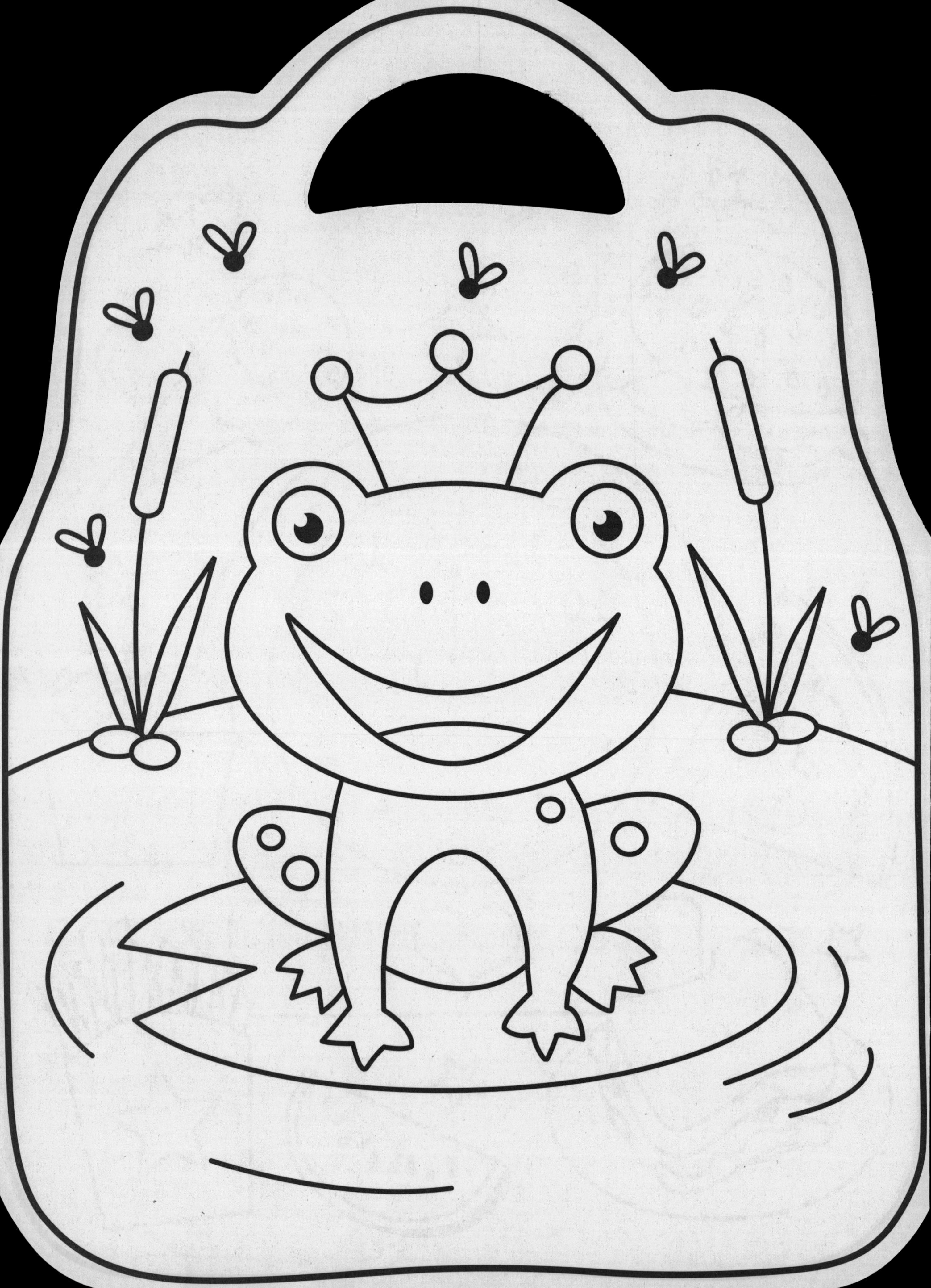

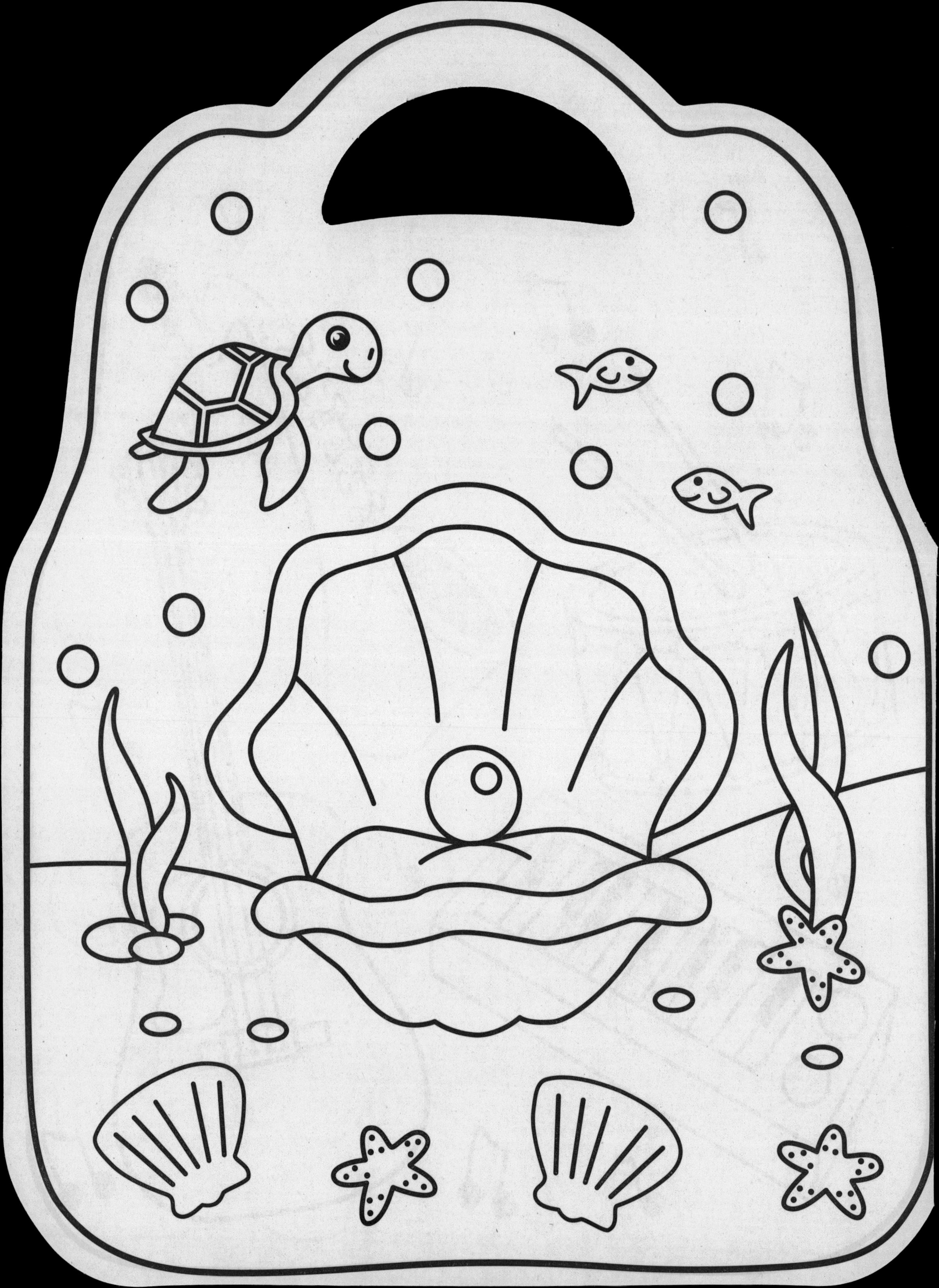

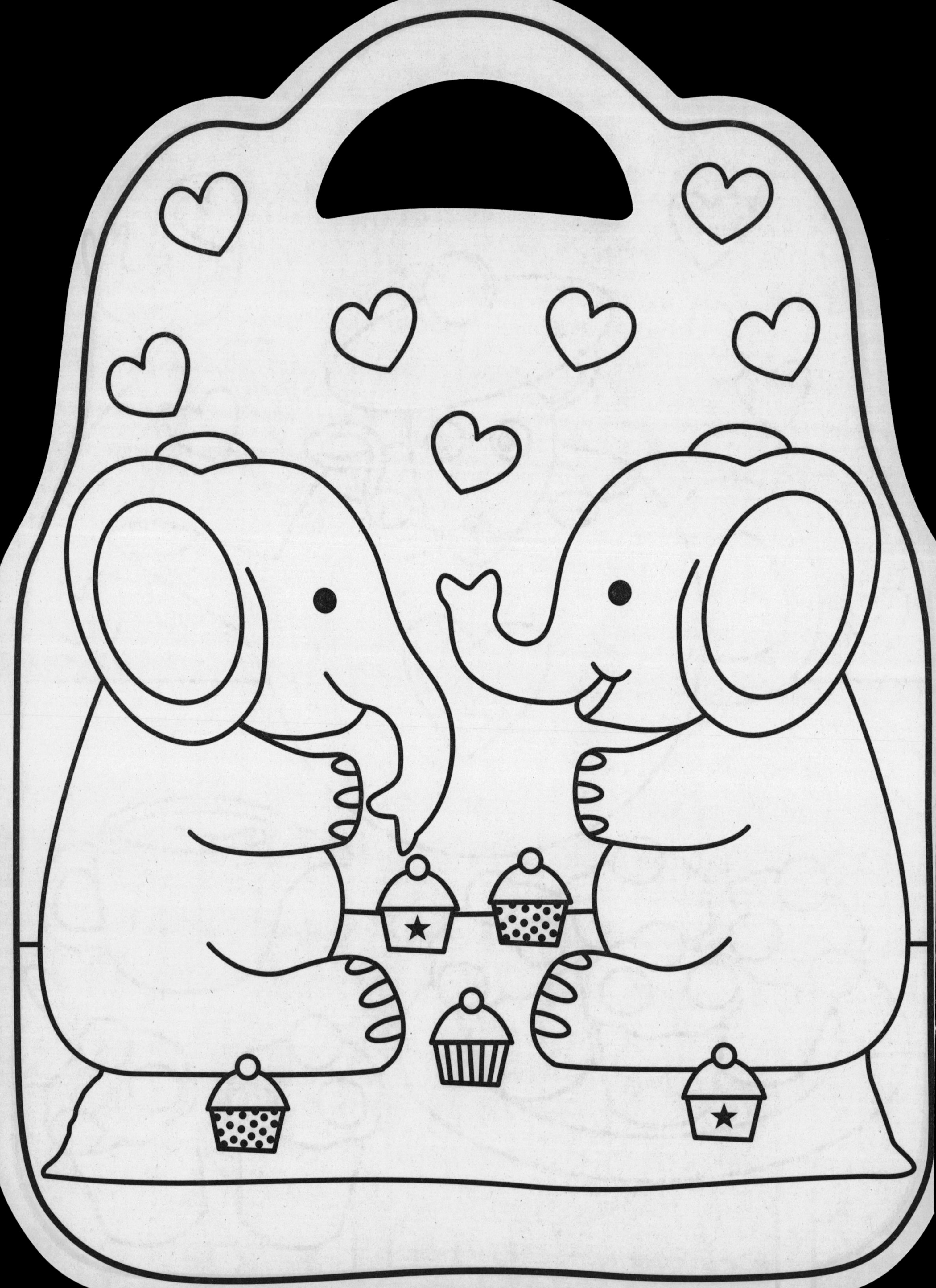

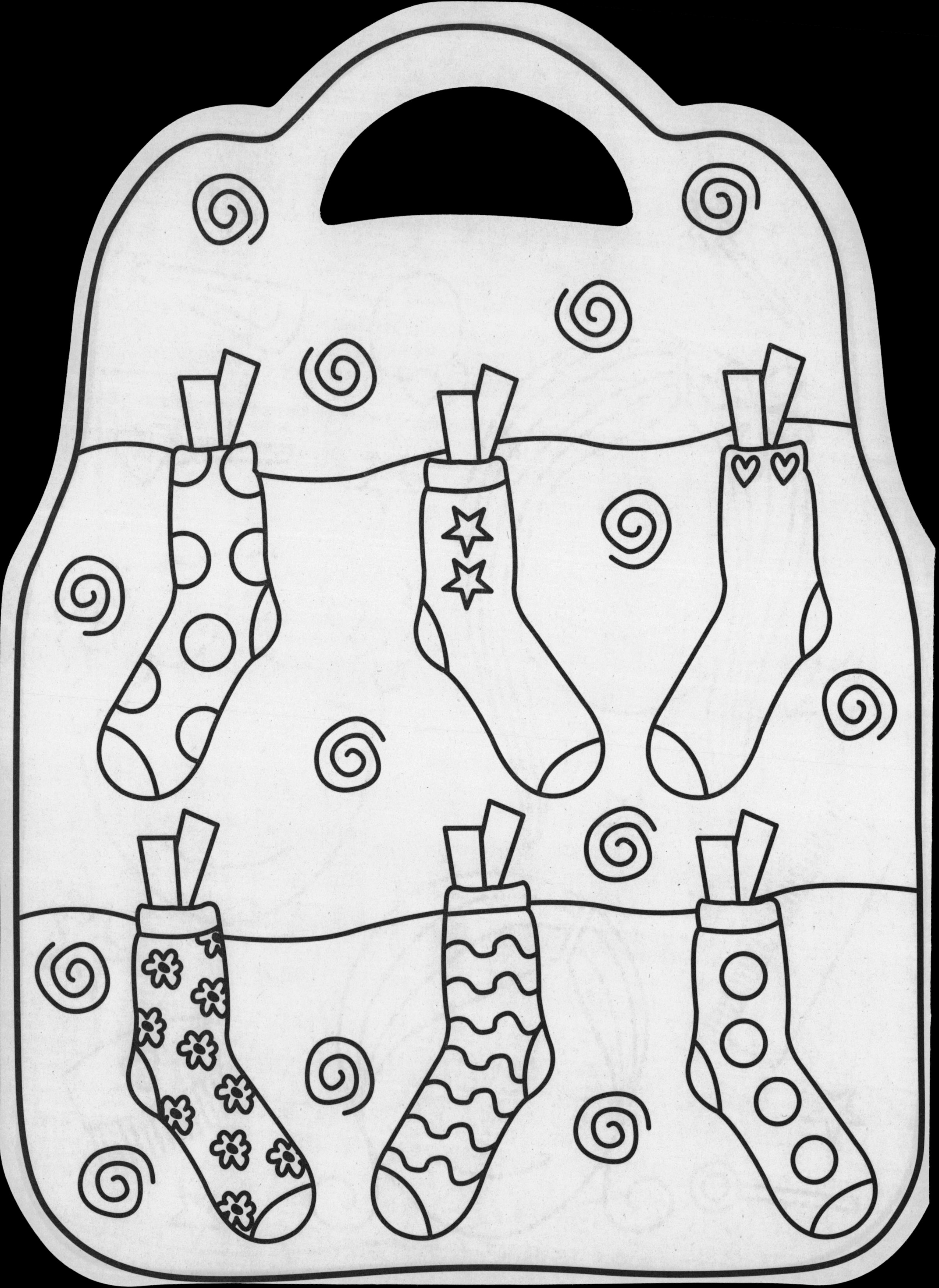

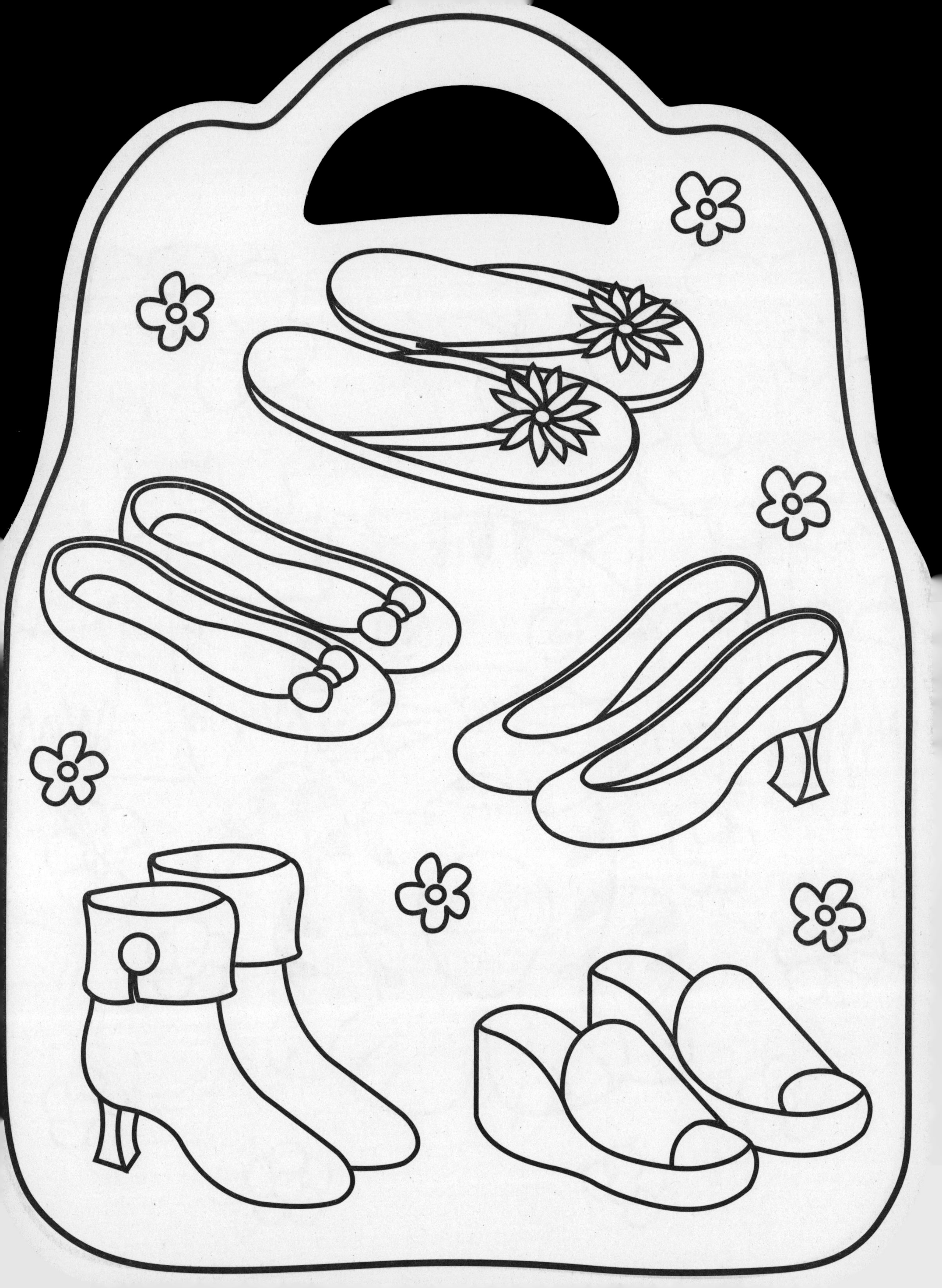

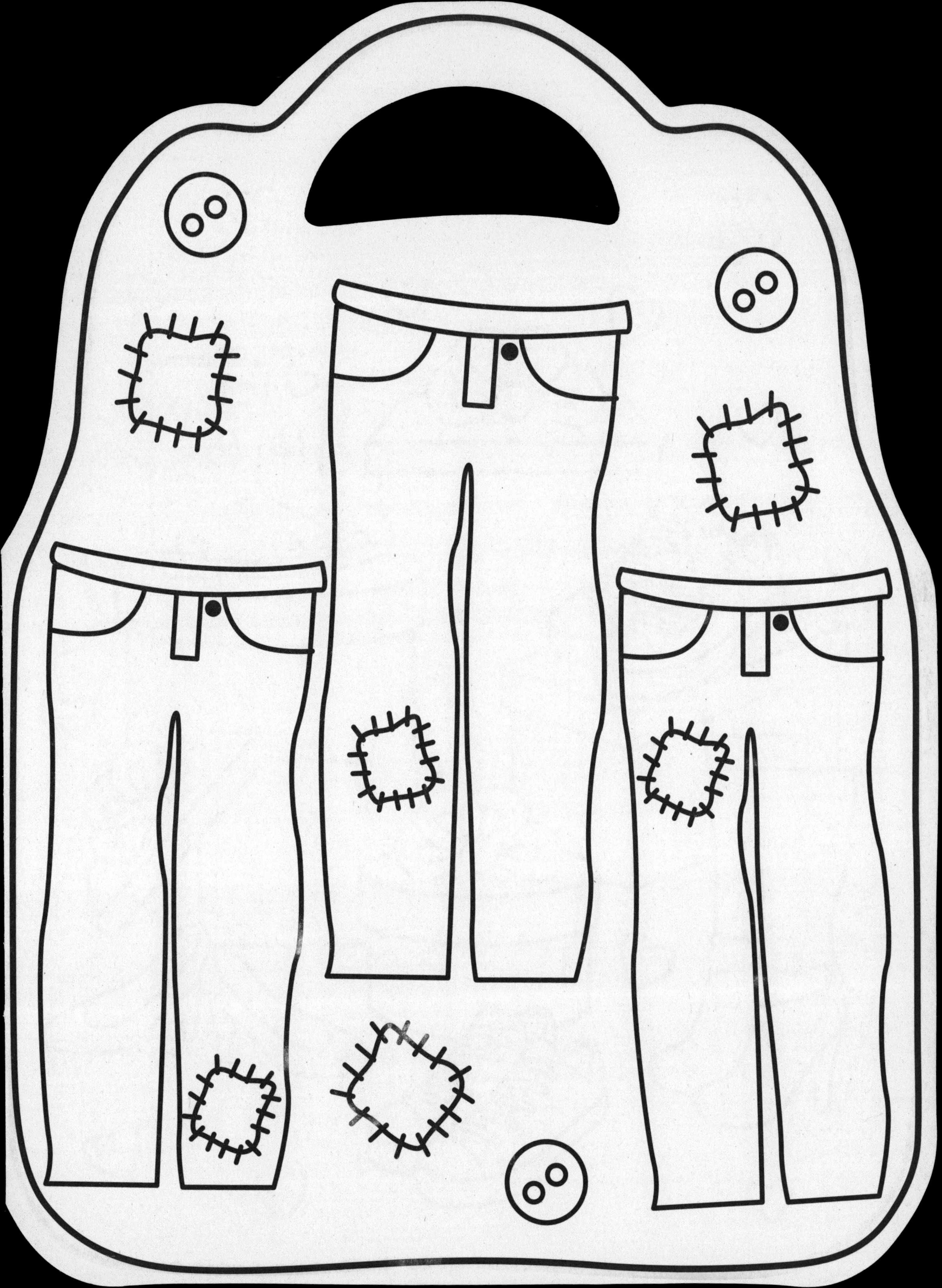

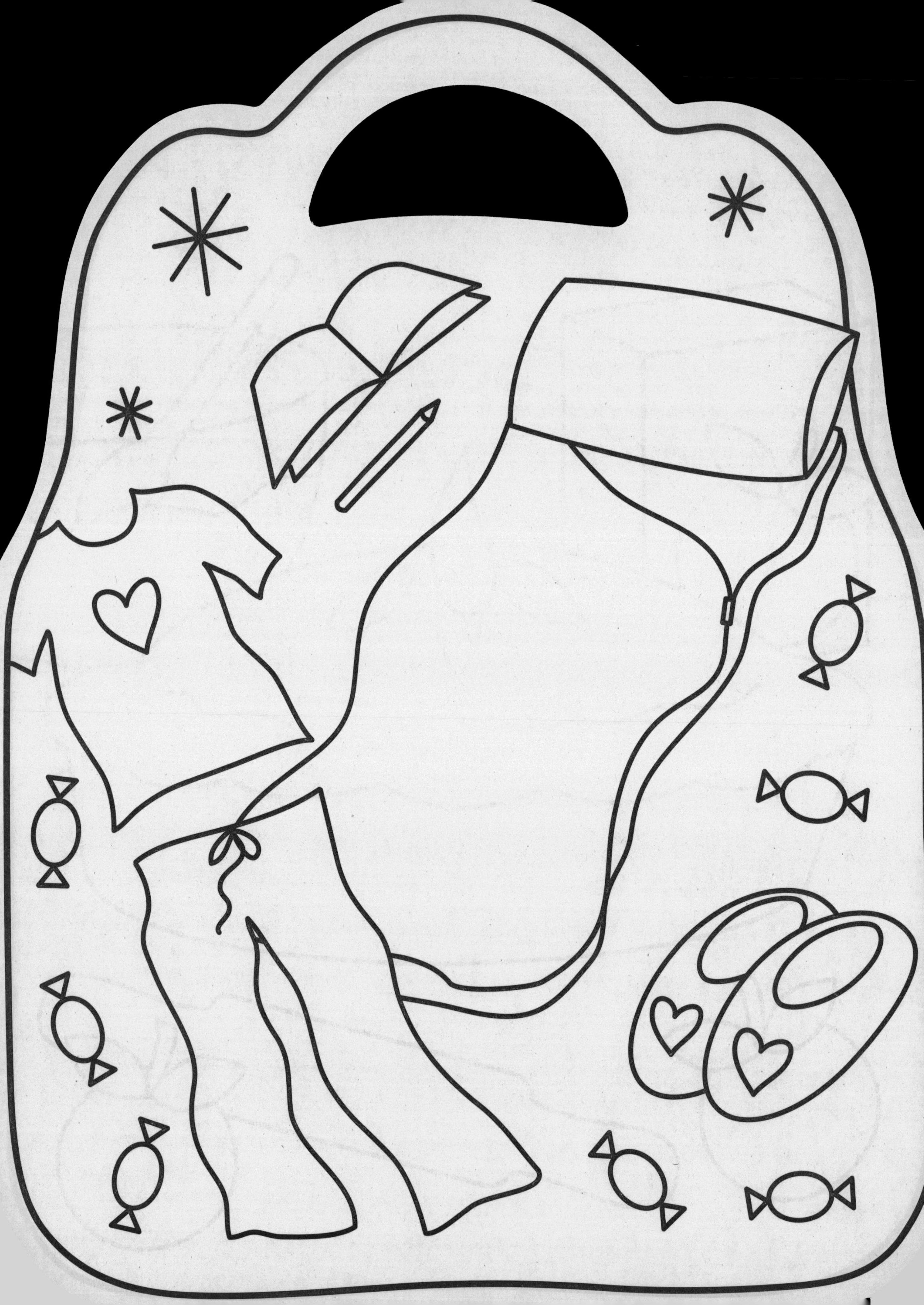

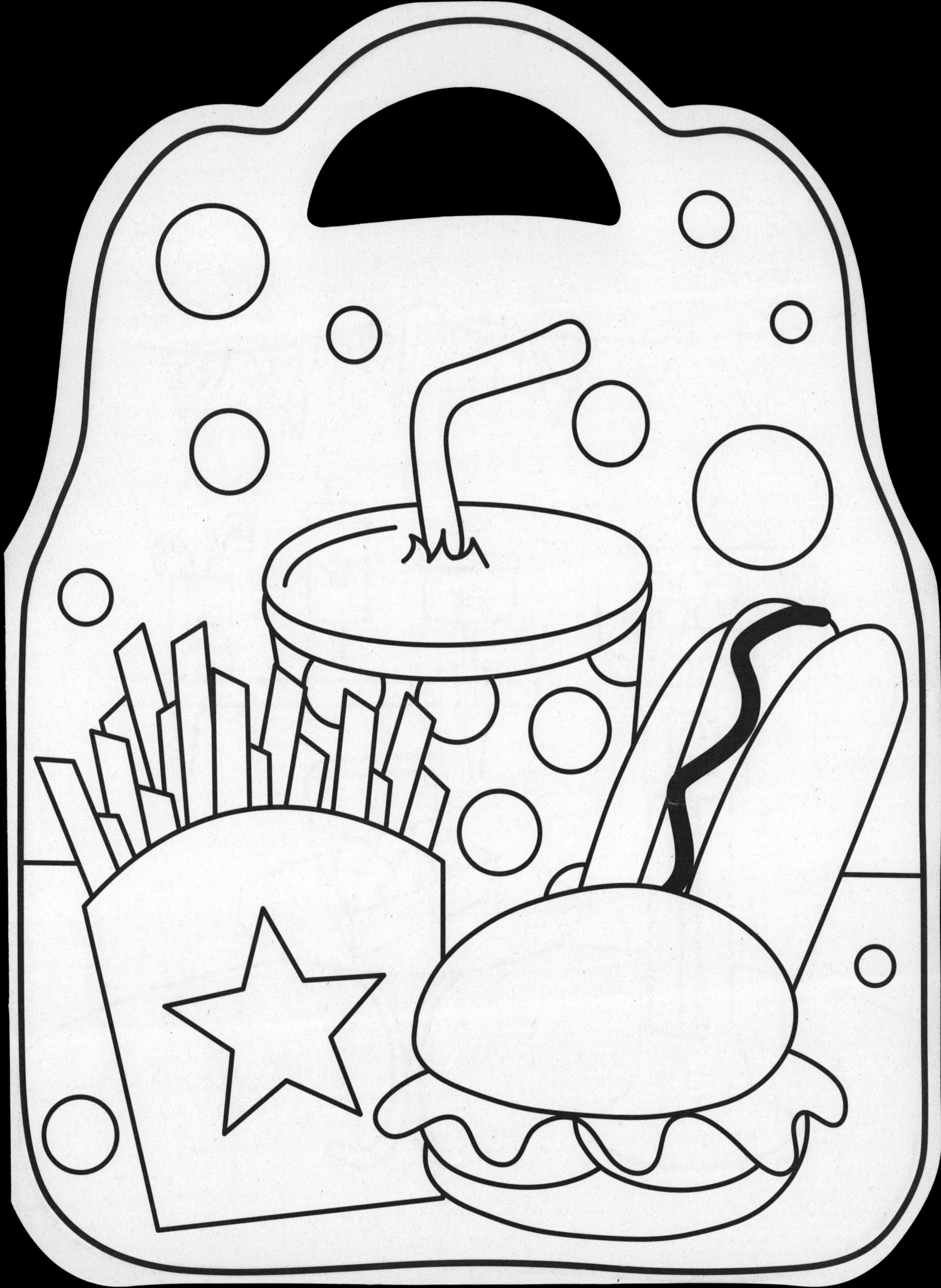

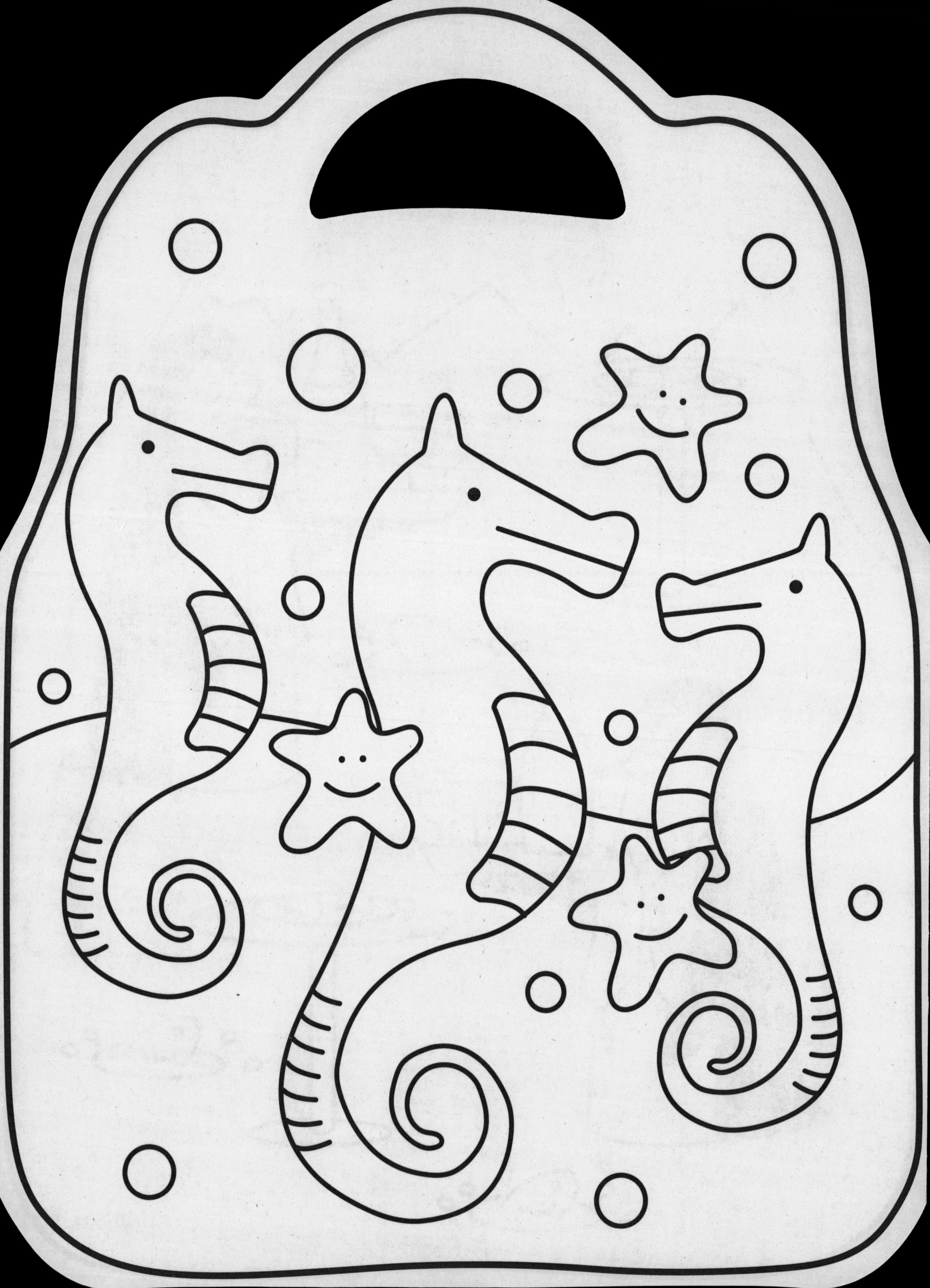